LA

PERSÉCUTION EN POLOGNE

DISCOURS

PRONONCÉ

EN FAVEUR DES ÉMIGRÉS POLONAIS

le 29 Mars 1866

EN L'ÉGLISE DE LA MADELEINE, A PARIS

PAR

LE R. P. ÉLIE MÉRIC

PRÊTRE DE L'ORATOIRE.

PARIS

ADRIEN LE CLERE ET Cie

IMPRIMEURS DE N. S. P. LE PAPE ET DE L'ARCHEVÊCHÉ DE PARIS

Rue Cassette, 29, près Saint-Sulpice.

1866

LA

PERSÉCUTION EN POLOGNE

DISCOURS

Prononcé dans l'Église de la Madeleine, à Paris, le 29 Mars 1866.

A

LA

PERSÉCUTION EN POLOGNE

DISCOURS

PRONONCÉ

EN FAVEUR DES ÉMIGRÉS POLONAIS

le 29 Mars 1866

EN L'ÉGLISE DE LA MADELEINE, A PARIS.

PAR

LE R. P. ÉLIE MÉRIC,

PRÊTRE DE L'ORATOIRE.

PARIS

ADRIEN LE CLERE ET Cie,

IMPRIMEURS DE N. S. P. LE PAPE ET DE L'ARCHEVÊCHÉ DE PARIS.

Rue Cassette, 29, près Saint-Sulpice.

1866

LA

PERSÉCUTION EN POLOGNE

DISCOURS

PRONONCÉ EN FAVEUR DES ÉMIGRÉS POLONAIS

dans l'Église de la Madeleine, à Paris, le 29 Mars 1866.

MESSIEURS,

Nous sommes témoins aujourd'hui d'un grand spectacle et d'une étrange contradiction. Depuis bientôt soixante ans, de grands orateurs et des hommes d'État consacrent leur génie et leur éloquence à défendre à la tribune et dans la presse les trois grandes libertés qui serviront d'assises aux sociétés modernes : liberté politique, liberté civile et liberté de conscience. Or, tandis que les masses proclament, elles aussi, ces libertés, ou les réclament de l'autorité, l'Irlande est opprimée et mise en état de siége; l'Italie est opprimée, et l'on discute au Parlement le droit de spolier le clergé; la Pologne est écrasée, étouffée dans le sang, toutes les fois qu'elle lève la tête et réclame ses libertés!

Ne craignez pas cependant que, témoin affligé de cette contradiction douloureuse, j'insulte ici les oppresseurs. Non, Messieurs. Je veux faire appel à votre charité en faveur de la Pologne, et consoler les enfants de cette grande nation présents dans cette assemblée. Effacer les étroites limites de notre charité parce que tout homme est notre frère en Jésus-Christ, découvrir des étincelles de vie et des promesses de résurrection dans les cendres d'un homme ou d'un peuple, c'est notre ministère.

Je le remplirai en vous racontant l'histoire de la Pologne dans ces deux dernières années. Cette histoire renferme une grande leçon et présente un grand spectacle. Elle nous apprend ce que devient un État quand les nations oublient qu'elles sont solidaires, et reconnaissent par leur silence le droit du plus fort et l'autorité du fait accompli. Elle nous apprend aussi que l'amour de l'Église n'étouffe pas l'amour de la patrie, puisque les héros qui mouraient égorgés à Varsovie mouraient à genoux et priant Dieu !

I

Ce qui frappe d'abord tout lecteur attentif et impartial de l'histoire de la Pologne, c'est le caractère profondément catholique de ses lois, de ses institutions et de ses mœurs. Aussi le droit d'adorer Dieu et de lui rendre un culte extérieur conforme à ses croyances catholiques est le premier de ses droits. Or, vous ne pouvez comprendre la nature et l'étendue de ce droit et de cette liberté, si vous ne savez ce qu'on entend par religion.

L'homme pense et cherche la vérité. Aux clartés de la vérité découverte, il discerne intérieurement et extérieurement le bien du mal. A ces mêmes clartés son énergie se déploie du côté de Dieu par la religion naturelle, et du côté de la terre par les merveilles de l'industrie et toutes les grandes conquêtes de son génie. Nous possédons ainsi l'intelligence, la conscience, l'amour et la liberté. Mais l'horizon de nos pensées est encore étroit, le jugement de notre conscience est timide et incertain, notre liberté a des défaillances profondes dans la sphère mal éclairée de ses opérations. Alors la religion révélée s'offre à nous. Elle agrandit les horizons de la pensée, éclaire et rend certains les jugements de la conscience, réveille et fortifie les énergies de la volonté. Livrés à nos forces naturelles, nous regardons le Verbe de Dieu, et nous contemplons dans son sein, lumineux et intelligibles, les types de la création; mais la religion révélée nous prend entre ses bras comme l'aigle prend son aiglon, nous emporte en son vol, et prépare nos yeux aux clartés surnaturelles de la Trinité.

Mais quelle est l'âme de la religion révélée? Qu'est-ce qui lui donne et lui assure la stabilité, l'énergie et la fécondité? C'est la foi. La foi est l'âme de la religion catholique, comme la raison est l'âme de la philosophie. Or, l'objet de la foi nous est manifesté dans l'Église par la parole infaillible et souveraine du vicaire de Jésus-Christ, par les pontifes qui partagent avec lui le redoutable honneur de l'éducation des peuples, par le prêtre qui vit auprès de nous. Et cette foi est persévérante, grâce à la grande prière du Christ avec le pape, du pape avec les évêques, des évêques avec les prêtres, des prêtres avec les fidèles cachés dans le cloître ou répandus dans le monde. C'est l'union des esprits et des cœurs par la foi et la charité. C'est l'éternel concert et la grande harmonie de la religion!

Or, c'est en vain que je cherche à entendre cette harmonie dans ma chère Pologne! C'est en vain que je cherche les hommes dont les lèvres ont été consacrées pour prier! C'est partout la persécution, partout la violation la plus odieuse de la liberté de conscience. Je vois un pouvoir schismatique armé qui emploie tour à tour la ruse, l'hypocrisie, la violence afin de pervertir et d'étouffer la liberté de seize millions de catholiques! Les popes sont envoyés par centaines pour séduire au schisme les catholiques; les honneurs et les dignités sont promis à l'apostasie; les malfaiteurs condamnés par la justice sont acquittés s'ils embrassent le schisme! Malheur donc aux âmes faibles gagnées par la lèpre de l'ambition ou découragées par la misère! Les séminaires sont gouvernés par des commissaires impériaux schismatiques, puis supprimés! Toute communication avec le Saint-Siége ou son délégué est un crime d'État, et les églises catholiques sont transformées en temples schismatiques! Le clergé spolié, déporté en Sibérie ou pendu; du 27 au 28 novembre les religieux pris dans un infâme guet-apens nocturne, qui rappelle l'acte odieux du recrutement; leurs biens confisqués, leurs temples violés, leurs malades violemment abandonnés dans la rue et l'obscurité de la nuit; sept évêques persécutés ou internés; les évêques de Varsovie, de Vilna et de Chelm chassés de leur palais épiscopal et déportés en Sibérie; le vénérable Mgr Kzewski, vieillard octogénaire, enlevé nuitamment par des janissaires et déporté à Astrakhan: voilà comment ils respectent la liberté de conscience, tandis que des pamphlétaires salariés louent l'action civilisatrice et la magnanimité du czar! Voilà comment on renouvelle aujourd'hui les affreux traitements infligés il y a vingt ans au grand évêque Gutowski, dont le cœur indigné protestait contre l'impiété sacrilége des gendarmes schismatiques. Ah! vous pouvez garrotter les pieds et les mains d'un homme, en faire votre esclave; c'est un crime énorme! vous pouvez menacer du bâton ou du knout celui qui n'obéira pas aux caprices de vos injustices; c'est un crime énorme! mais violer la liberté de l'âme, imposer à la pensée humaine une fausse croyance, sous menace de mort, c'est le plus grave des attentats et la plus odieuse des tyrannies! Eh bien, je le demande, traiter ainsi les catholiques polonais, n'est-ce pas alors les persécuter? n'est-ce pas exercer la plus méprisable et la plus odieuse des tyrannies? n'est-ce pas enfin provoquer les plus légitimes colères et les plus justes représailles? Ah! les vieux empereurs romains étaient bien coupables quand ils condamnaient aux chevalets et aux lions les premiers chrétiens; mais le soleil ne s'était pas pleinement levé à l'orient des peuples: ils croyaient défendre ainsi leur couronne et l'empire!—Mais, dit-on, les chrétiens polonais troublent la paix publique; ils n'acceptent pas le joug, et ne reconnaissent pas les droits du pouvoir. Cruelle ironie! Nous connaissons ce cri. C'était le cri des pharisiens et des scribes qui voulaient crucifier Jésus-Christ; c'était le cri des sophistes et des proconsuls qui voulaient égorger les chrétiens; c'est le cri de tout oppresseur qui veut justifier sa spoliation et ses oppressions! Où sont-ils, en effet, ces perturbateurs de la paix publique et ces révolutionnaires? Qui sont-ils? Est-ce la noblesse qui écrase le peuple, ou le peuple qui écrase la noblesse, dans les horreurs de la guerre civile? Vous ne savez donc pas que la Pologne est fille du catholicisme, que la religion est le ciment qui a réuni dans une indissoluble unité toutes les parties de la nation? Vous ne savez donc pas que la noblesse polonaise est chrétienne, chevaleresque et recrutée parmi le peuple et les paysans? Vous ne savez donc pas qu'ils étaient tous au champ d'honneur, serrés autour de la croix, nobles et paysans, ouvriers et bourgeois désarmés, les bras croisés sur la poitrine, mourant ensemble sous la mitraille des oppresseurs? Non, non, ce n'est pas une idée révolutionnaire qui fait marcher tout un peuple comme un seul homme! Ils priaient, ils mouraient pour la liberté de leur conscience et l'indépendance de leur patrie!

II

Oui, Messieurs, ils mouraient pour ce grand principe des nationalités si vaillamment défendu aujourd'hui par tous les organes de la publicité. Lassés d'un esclavage séculaire, inspirés par une espérance changée peut-être en déception, ils rêvaient le glorieux réveil de leur vieille patrie! Ce mot est bien vague; je sens le besoin d'en préciser la signification.

La patrie est formée d'un corps et d'une âme. Le corps c'est le sol, c'est l'élément matériel déterminé dans ses frontières par l'épée d'un grand capitaine ou la justice des traités. Mais l'âme, qu'est-elle? Notre âme est une force spirituelle immense qui rayonne en tout sens : elle s'appelle sensibilité, quand elle rencontre un obstacle et qu'elle est gênée dans l'exercice de son activité; elle s'appelle intelligence, quand elle scrute les lois de la pensée et ses rapports avec la création; elle s'appelle activité, quand elle commande et se déploie dans l'ordre matériel ou moral. Eh bien! l'âme d'une patrie, l'âme de la Pologne, c'est toutes les âmes ramenées à l'unité par la force spirituelle mais souveraine d'une idée, d'un sentiment, d'un but; c'est vingt-cinq millions d'âmes qui frémissent et palpitent dominées par le même sentiment, qui pensent au commandement et sous la domination d'une même idée, qui agissent dans le même sens et vers le même but. C'est ainsi la sensibilité de tout un peuple qui s'attriste ou se réjouit instantanément des défaites ou des triomphes de ses enfants; c'est l'intelligence de tout un peuple inspiré par la même pensée; c'est la volonté de tout un peuple qui poursuit le même idéal de vérité, de justice et de beauté. Aussi quand vous voyez un peuple manifester sa force intellectuelle par les chefs-d'œuvre de ses grands écrivains, sa force morale par le dévouement de ses apôtres, sa force sensible par la communauté de douleurs et de joies; quand, au contact de cette triple force, la terre tressaille sillonnée et fertilisée par la vapeur, l'agriculture et l'électricité, vous dites : Ce peuple a une grande âme! Or, de même que notre âme vit par la liberté ou une sage indépendance intérieure et extérieure, ainsi l'âme de la patrie vit, grandit, enfante des merveilles, quand elle est libre de l'oppression intérieure du pouvoir et de l'oppression extérieure des despotes conquérants.

Eh bien, c'est cette liberté politique que l'on comprime, que l'on étouffe en Pologne, pour tuer l'âme de ce peuple de héros et en avoir fini pour toujours avec ses protestations par le sang.

Le corps de la Pologne, vous le connaissez : il s'étend à l'est de l'Autriche et de la Prusse comme une frontière avancée entre l'Orient et l'Occident, le monde chrétien civilisé et le monde païen barbare. Or, Dieu qui veut l'harmonie entre le corps et l'âme des nations, comme entre l'âme et le corps des individus, Dieu a fait à la Pologne une âme profondément catholique et civilisée. Dès son origine, il l'a dégagée des peuplades slaves qui l'environnaient; il l'a transfigurée dans la prière de ses évêques et le sang de ses premiers apôtres. Aussi leur étendard est marqué de l'image de la sainte Vierge, symbole de l'indissoluble union de la religion et de la patrie. De là, Messieurs, la séparation irréparable et profonde du peuple russe et du peuple polonais.

Le rêve de panslavisme exciterait le rire, s'il ne faisait horreur ; et cependant, avec un art inspiré par le génie de la haine, on a voulu réaliser ce rêve en étouffant la liberté politique de la Pologne!

Les traités de 1815 ont été violés ; le concordat de 1847 caché dans les cartons du ministère pendant huit ans, altéré, mutilé, et promulgué comme par dérision quand le secret devenait inutile et impossible. Tout homme qui enseigne la langue polonaise dans les provinces occidentales est puni d'exil ; tout officier russe que l'ivrognerie, la débauche, le jeu, ou une probité suspecte, font rayer des contrôles, est porté de droit sur la liste des candidats à la direction des écoles (1) ; *toute bibliothèque ou librairie qui renferme des livres polonais est saisie et brûlée*. Des perquisitions sont faites dans les maisons des paysans pour saisir et brûler les livres de prières polonaises ; les enseignes en langue polonaise sont arrachées et brisées. C'est la ruse, la violence, la cruauté employées tour à tour, puis simultanément, pour détruire cet idiome qui porte avec lui la grande histoire et les traditions de la Pologne. L'exil, les fers ou la potence menacent tout Lithuanien ou Ruthénien qui parle polonais, tout artiste écrivain ou poëte qui s'inspire des gloires où des douleurs de la Pologne et les chante par la poésie et les arts.

Ils ont ainsi étouffé la pensée. Ils ont ensuite banni des assemblées communales tout homme soupçonné d'avoir pris part à l'insurrection ; ils ont livré le pays à l'autorité, sans contrôle des proconsuls schismatiques. Ils ont supprimé les journaux nationaux, et condamné une feuille officielle et soldée à reproduire les mensonges de la *Gazette de Moscou*. D'ailleurs, plus de commerce ni d'industrie. Les campagnes sont désolées, incendiées, ravagées ; tout numéraire est retiré de la circulation, et tout crédit anéanti ; les profits commerciaux, financiers et industriels confisqués ; le papier monnaie déprécié tous les jours, et le prix des denrées triplé. Enfin les quatre ukases du 2 mars ont tué l'économie agricole, en ramenant ce peuple, comme l'a dit un grand

(1) *L'Eglise catholique en Pologne*, par le R. P. Lescœur, de l'Oratoire.

économiste contemporain, à la misère et aux barbaries du communisme !

La pensée enchaînée, l'activité entravée, il fallait encore refouler les justes indignations des persécutés. Les enfants, les mères, les veuves ont pris des vêtements de deuil pour pleurer dans la persécution leurs époux et leurs pères; mais un décret est publié : toute femme en deuil est saisie, garrottée et jetée dans un corps de garde, au mépris de toutes les lois de la délicatesse et de la pudeur. Ce fait humiliant a été raconté par la gazette et affiché par la police dans les rues de Varsovie. Par ce honteux déni de justice, ils prétendaient refuser la dernière consolation des opprimés, celle de se plaindre et de pleurer !

Enfin réduits à la misère et désespérés, ces compagnies de faucheurs se sont levés : ils ont soutenu un glorieux combat de quinze mois. Sans armes, sans places fortes, ils ont combattu dans les rues, dans les maisons, dans leurs forêts, derrière leurs lacs et leurs marais, traqués comme des bêtes fauves, exterminés par des bandes armées organisées! Sans doute la guerre est finie, mais la persécution dure encore aujourd'hui, et se justifie, à ses yeux, par des calomnies. Un incendie, une émeute à Tiflis, un complot en Sibérie, d'énormes malversations découvertes dans le service public, on attribue tout aux infortunés sans défense. Et certes, je ne m'en étonne pas! une sorte de comité de salut public siége à Varsovie, investi de pouvoirs dictatoriaux, secondé par des Commissions exécutives; il travaille par la désorganisation et la violence à l'assimilation de la Pologne à la Russie. C'est son mot d'ordre. Ah! je ne veux pas cependant maudire les oppresseurs; je détourne mes yeux des bourreaux. A la vue de ces champs ravagés, de ces ruines fumantes, de ces cadavres mutilés, de ces exilés en Sibérie qui n'ont pas eu la gloire et le bonheur de mourir, je crie pitié ! Pitié pour les débris de ce grand peuple! Pitié au nom sacré de l'honneur! Pitié au nom de ces victimes et de ce sang! Mais non, Messieurs, pas de pitié : après avoir violé les deux majestés de la religion et de la patrie, ils violeront sans pudeur la majesté du foyer!

IV

C'est Dieu qui a formé la famille. Il réunit au pied de l'autel, dans des engagements dont il est témoin auguste, l'épouse et l'époux ; il réunit ensuite le cœur de l'un et de l'autre au cœur et à la destinée de l'enfant qui est le fils de leurs entrailles par le sang et le fils de leur intelligence par le bienfait d'une première éducation. Il lie enfin par une troisième affection les uns et les autres aux lieux qui servent de théâtre à leur vie et d'horizon à leurs plus chères affections. Ainsi l'idée de famille en renferme trois autres : lien conjugal, éducation de l'enfant, sécurité dans la possession de la propriété. Quand un homme est outragé dans ses croyances religieuses, il peut se réjouir encore des gloires et des prospérités de sa patrie; quand ses temples sont détruits et que sa patrie est esclave et persécutée, il peut encore se consoler par le charme et l'amitié du foyer domestique. Grand capitaine ou homme d'État, il trouve des cœurs qui reçoivent ses larmes et le dédommagent par leurs caresses des rudes labeurs et des cruelles défaites de la vie publique.

Or, Messieurs, la liberté de conscience est la gardienne extérieure de la religion; la liberté politique est la gardienne et l'âme de la patrie; et c'est la liberté civile qui est l'âme et la gardienne de famille. C'est elle qui représente et défend les droits imprescriptibles du père sur ses enfants et sa propriété.

Or, voici comment cette liberté a été violée. Ils ont soumis la famille aux persécutions insidieuses, aux tracasseries quotidiennes, puis aux persécutions violentes de la bureaucratie. Dans chaque ville et chaque bourgade, ils ont établi l'autorité schismatique et toute puissante du czar. Des lois sont édictées pour travailler plus efficacement à la désorganisation de la famille. Toute femme dont le mari a été condamné à l'exil est déclarée libre; elle a droit au divorce : si elle suit son mari, les enfants nés de cette union seront privés d'état civil. Toute femme ou tout enfant dont le père ou le mari a pris part à l'insurrection, ou n'était pas présent dans sa demeure, est chassé de ses terres et condamné à la vie errante et vagabonde. On impose, sous peine de loi martiale, aux parents, aux amis, aux voisins l'obligation de dénoncer à la justice leurs parents, leurs amis, leurs voisins soupçonnés d'avoir pris part à l'insurrection. On sépare les mères de leurs enfants et les femmes de leurs époux. Vous le savez, Messieurs, et vos cœurs ont déjà salué cette glorieuse mère qui vit encore pour pleurer seule à son foyer ses sept enfants tués dans le combat, déportés en Sibérie, jetés dans les cachots, et dont le dernier, Roman Zulinski, est mort pendu sur le glacis de la citadelle de Varsovie, au lendemain de l'insurrection.

Ce n'est pas assez de désorganiser la famille, il faut la chasser du sol et établir la famille schismatique russe : ordre absolu de vendre ses biens à des schismatiques, ou d'apostasier ; c'est-à-dire que dans les goubernies occidentales on condamne vingt-quatre mille propriétaires sur vingt-six mille à la vente de leurs biens ou à l'expropriation. Mais vendre, c'est céder pied à pied le terrain à la domination du schisme, c'est légitimer l'usurpation. Qu'importe? Il faut vendre ses biens, sinon les biens sont confisqués au profit du fisc, et vous ne recevez qu'une valeur douteuse en papier. Il faut cela, dit la *Gazette de Moscou*, pour la pacification du pays. Comment voulez-vous conserver la propriété, quand tout commandant militaire a le pouvoir de séquestrer les biens sur un simple soupçon : pour avoir quitté sa demeure sans autorisation, pour avoir porté des vivres aux insurgés, pour avoir donné de la charpie aux blessés, pour avoir pleuré et bénit son fils au moment du combat! La propriété est-elle possible, quand il existe des décrets comme celui-ci : Tout paysan qui dénonce un rebelle reçoit une prime en argent et les terres du dénoncé (1) ?

L'apaisement de l'insurrection dans le sang n'a pas suspendu

(1) Il faut lire les remarquables écrits de M. de Mazade sur la Pologne, le recueil de pièces déposées au Sénat par le prince Czartoryski et le discours de lord Kinnaird au Parlement anglais.

les rigueurs spoliatrices de l'État. Ce qui se pratiquait dans l'entraînement de la guerre et le vertige du sang répandu, se pratique aujourd'hui froidement sous la forme hypocrite et inexorable de la justice et du droit! Réaliser le communisme et l'égalité universelle en Europe, tel est le mot d'ordre et le programme adopté ; voilà ce que nous apprenait, il y a quinze jours, la correspondance de Saint-Pétersbourg. Pauvre Pologne outragée dans ta foi, persécutée dans tes droits politiques, poursuivie par la haine au foyer domestique, ravagée par les soldats armés et tentée maintenant par la fourberie et la cupidité schismatique des popes, puis spoliée par l'armée insatiable du fisc : pauvre Pologne, quand donc sonnera pour toi l'heure de l'indépendance? Serait-il vrai que la terre ne sera jamais le théâtre des triomphes de la justice, et que l'âme de tes enfants ne sera jamais consolée sur la terre de l'exil ou dans le champ des morts? Non, non! qu'ils espèrent, les insensés, assurer leur triomphe humiliant et étouffer tes cris de liberté! Ils ne les ont pas encore étouffés; ils ne les étoufferont pas. Tes débris, recueillis avec respect par toutes les nations, instruits et fortifiés par les épreuves de l'exil et de la persécution, tiennent encore au sol catholique et national par toutes leurs fibres; elles y puisent cette séve qui rend les nations immortelles comme les chênes de nos fôrets!

Et nous, Messieurs, travaillons avec énergie à defendre la triple majesté de la religion, de la famille et de la patrie. Chrétiens et fils régénérés de l'Église, défendons-la contre les blasphèmes des impies et les ironiques dédains de la science perverse. Nés sur une terre chrétienne et libre, défendons-la contre l'oppression de la licence et les tyrannies brutales des passions. Membres d'une famille qui a le double amour de la religion et de la patrie, défendons la famille avec amour contre les réclamations immorales des uns et les attaques socialistes des autres. Défendons ces grandes choses par la charité envers ceux qui les ont perdues!

Oui, au nom de Jésus-Christ, je vous demande pour eux votre obole et l'offrande de vos prières! Ils sont ici attirés par cette hospitalité que la France a toujours été si fière d'offrir aux exilés.

Je vous la demande aussi pour ces deux cent mille héros : pontifes, prêtres, veuves, orphelins, qui arrosent aujourd'hui de leurs sueurs et de leurs larmes les cachots et les mines de la Sibérie! Je vous la demande pour hâter l'heure de la résurrection de la Pologne!

Oui, le jour viendra où la liberté vous sera rendue, chers Polonais! Alors des monts Carpathes à la Vistule, de la Baltique à la mer Noire, vingt-cinq millions d'âmes seront libres, et le drapeau national flottera au château royal de Varsovie. Alors les rues et les temples, les hameaux et les forêts retentiront de l'*alleluia* pascal! Je l'espère, ô mon Dieu, de votre justice, de la prière des martyrs, et de la persévérance des mères à préparer de nouveaux soldats.

Il y a quelques années, les soldats russes se précipitent dans une maison de Varsovie, saisissent et garrottent un Polonais. Son épouse éperdue tombe à genoux et demande grâce; mais c'est en vain! Fière et grande elle se relève, étouffe ses sanglots, prend son plus jeune enfant entre ses bras, l'élève au-dessus de sa tête, et crie à son époux déjà dans la rue cette parole que je vous répète, Messieurs, comme une promesse infaillible de résurrection : Mon ami, prends courage, ton enfant sera Polonais!

Paris, 4 mars, jour de S. Casimir, prince de Pologne.

PARIS. — IMP. ADRIEN LE CLERE, RUE CASSETTE, 29.

PARIS. — IMP. ADRIEN LE CLERE.

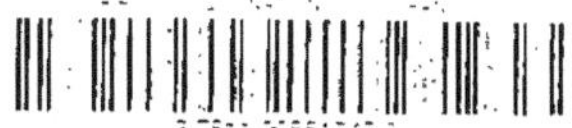

www.ingramcontent.com/pod-product-compliance
Lightning Source LLC
LaVergne TN
LVHW010222230826
846091LV00008BB/3630

* 9 7 8 2 0 1 9 9 7 7 3 7 5 *